Dignidad para llevar

Dignidad para llevar

Cuando el amor que creíamos eterno anuncia su partida

Leticia del Rocío
Hernández Gómez

DIANA

Diseño de portada e interiores: Eleazar Maldonado/Factor02
Ilustraciones: Rocío A. Mince

Bajo el sello editorial DIANA M.R.
Avenida Presidente Masarik núm. 111, 2o. piso
Colonia Chapultepec Morales
C.P. 11570 México, D.F.
www.editorialplaneta.com.mx

Primera edición: marzo de 2010
Tercera reimpresión: octubre de 2010
ISBN: 978-607-07-0341-6

Impreso en los talleres de Litográfica Cozuga, S.A. de C.V.
Av. Tlatilco núm. 78, colonia Tlatilco, México, D.F.
Impreso y hecho en México – *Printed and made in Mexico*

Dedicatoria

A mi madre, a mi padre; a mi hermano, Manuel Guillermo…

Mis mañanas infantiles eran eternas, sobre todo el momento en que tenía que estar lo más quieta posible sentada frente al espejo, mientras mi madre hacía su mejor esfuerzo por peinar los cabellos que minutos después buscarían la libertad entre mis manos…, pero aun en ese momento, la imaginación me llevaba a un mundo mágico en el que mis dedos tomaban vida propia y bailaban, corrían, jugaban en forma independiente de mis extremidades superiores. Era simplemente perfecto, sin importar lo ajustada que estuviera la coleta o lo bien hecho de las trenzas.

En ocasiones, el mejor momento era mientras hacía mis ejercicios en la clase de gimnasia; o mientras disfrutaba de las caricias de mi madre cuando me leía un cuento; siempre era grato deleitarse con los olores en la cocina cuando, a la par de cocinar, mi abuela me hablaba con voz tierna y procuraba evitar mis mayores travesuras; o la llegada de mi padre, quien cansado de un viaje y aún cargando sus maletas, siempre tenía fuerza suficiente para alegrarse con mi avasalladora bienvenida... Pero siempre, invariablemente, el mejor momento era en compañía de mi hermano, cuando juntos programábamos viajes interminables con aventuras al estilo Moby Dick; o al estar muy quietos al acecho del "enemigo" con espadas de madera en las manos...

Nunca escuché de sus labios una queja, y hasta la fecha no he logrado imaginarme cuánto pudo haber sido el dolor de sus músculos comprimiéndose y aprisionándole los huesos...

Todo en mi infancia fue perfecto, hasta el día en que mi hermano murió... Nunca me faltó nada, y hasta ese momento no entendía en términos prácticos el significado real de la palabra pérdida, mucho menos de luto. En menos de diez minutos mi existencia cambió, todo me fue ajeno sin la presencia de quien había sido mi guía, mi compañero, mi cómplice, mi amigo, mi hermano... Y ese sentimiento de vacío me ha acompañado durante mucho tiempo, desde el minuto siguiente en que fui consciente de su muerte; perdí a un ser determinante en mi existencia, un ser a quien revivo en mi memoria, en mi corazón.

No es cierto que la niñez sea la mejor etapa de la vida; la mejor etapa es la que uno decide calificar como tal; cuando se valora y se distingue el bien del mal, cuando se vive día a día con la convicción de encontrar la felicidad...; cuando, no importando lo vivido, no se ha perdido la capacidad de asombro, la capacidad de amar y la capacidad de perdonar. Al menos creo que esa debe ser la mejor etapa.

Hoy, la soledad que dejó su ausencia se ha convertido en mi mejor amiga y me ha enseñado lo que con su presencia no alcancé a comprender: la vida es un segundo de emoción, de llanto, de dicha, de dolor; pero un segundo al fin y al cabo.

Quiero vivir ese segundo, acompañado de lo que depare el destino..., igual, tal vez, como lo hiciste tú, hermanito..., también, quizá, como veo que diariamente lo hacen mis padres.

A ti, que formas parte de mi vida, de esa historia personal escrita en tantos rincones y en tantos idiomas, te dedico mi esfuerzo, te regalo mi sueño. Tus palabras de aliento llegaron a mí en el momento que mi ser necesitaba escucharlas, y han sido en mi camino una luz constante que me ha impedido confundirme en la oscuridad.

Prólogo

¿Será que siempre ocurre igual? Cuando por fin la química hace lo suyo y una se reconoce enamorada, piensas que es la mejor relación, la que "ahora sí" va a durar, aquella que será el cálido refugio de tus sueños…, pero nunca, el pozo sin fondo donde caes una veintena de veces sin atreverte a levantar la cabeza por miedo a perder de vista al que creías el hombre de tus sueños. Pero, bueno, estamos en la primera etapa, donde el horizonte se torna de colores tenues, y el nombre de ese amado humano es un bálsamo para los oídos y el cuerpo; cuando te encuentras inmersa en ese momento, efectivamente nada parece insalvable, ningún defecto es imposible de tolerar, ningún incidente es tan grave más allá de una milésima de segundo. Y así transcurren los días, las semanas, a veces los meses… y una con esa sonrisa idiota en la cara ("Ay, ¡cómo la extraño!"), y él… En un inicio, "él" es atento, simpático, guapo, amable, inteligente, sincero, fiel —estoy hablando de un ser terrenal, humano, no un ser de otro planeta—; es amoroso, tierno y hasta romántico.

Pero un día, la sonrisa empieza a desvanecerse, o tal vez comienza a cansar; o quizá sea que un buen día la nube rosa se esfuma y la realidad se planta tal cual es, con sus colores o ausencia de ellos, con sus formas completas. Cierto, sigue siendo humano, y como tal, se enoja, vocifera, contesta mal el teléfono cada dos por tres, ya no es tan puntual en las citas, los correos y los mensajes comienzan a espaciarse cada vez más; reclama lo que hiciste o dejaste de hacer el minuto anterior o hace un mes… y una (sí, una) también, por supuesto, hace lo suyo, que no es otra cosa sino lo mismo. Creo que éste es el instante en que la cotidianidad, esa rutina de tan mala fama, llama a la puerta o entra sin avisar, no lo sé.

Supongo que llegados a este punto, si el amor es puro, honesto, real, ambos, el humano y una misma, hacen un esfuerzo por adaptarse a esa nueva realidad —que no lo es tanto, pues siempre estuvo presente detrás de una nube rosa, pero presente—, y siguen adelante, en busca de nubes de distintos colores. Pero, ¿qué pasa si en ese punto una descubre un engaño tras otro? ¿Qué pasa cuando en esas circunstancias de desconcertante realidad, una se da cuenta de que el humano no sólo es humano, sino que tiene una marcada tendencia a la infidelidad? Más aún, no sólo que te fue infiel, sino que, al hacer una ese infortunado descubrimiento, el humano responde con un "no estaba seguro de si tú me considerabas algo serio o no; pero cuando me di cuenta de que ibas en serio, la dejé". Creo que en ese contexto, la relación se va al traste, la autoestima al suelo y las ilusiones a la coladera más próxima.

¿Será posible que, después de esto, una sea capaz de mantener en su corazón ese sentimiento de amor que alimentaba nuestro espíritu los primeros días del romance? ¿Se puede reconstruir con las cenizas? ¿Es que la autoestima alcanza, en ese punto, sólo para eso? ¿O se comienza a partir de cero, como dicen, "borrón y cuenta nueva"? Claro, borrando no, pero sí tachando todo, e iniciando una cuenta en un nuevo banco.

Ahora, ¿será que en realidad *de repente se descubren* "vicios ocultos"? O quizá, mejor dicho, sea cierto que, como me dijo una sabia amiga algún día, que "una (sí, una) busca enfrentarse con aquello que sabe que el ser necesita para alimentarse, caer y regodearse en su dolor, para después levantarse más fuerte, con más experiencia y siendo mejor persona, o al menos, haciendo el mejor intento por serlo".

Personalmente, creo que en algún momento el camino presenta una interesante bifurcación: o seguimos haciendo las cosas que siempre hemos hecho, obteniendo los mismos desastrosos o indeseados resultados; o elegimos hacer las cosas de manera diferente, a la luz de las experiencias vividas, retomando sólo aquellos recursos útiles, rescatando lo que en realidad vale para obtener diferentes y mejores resultados. ¿Por qué no poner en práctica este esquema en las relaciones sentimentales?

Ama hasta que te duela... Corre, canta, baila, escribe, vive; cada acto de nuestra vida debiera representar una entrega tal que conlleve implícito un dolor profundo, el dolor del esfuerzo, de la saciedad sin límite. Todos conocemos ese dolor interno, físico en ocasiones, que la mente, el alma y el cuerpo sienten cuando realizamos esa comunión con nuestros sueños. El deportista que entrega su último aliento en cada movimiento; el cantante que exhala su espíritu en las notas de una canción; el escritor que, ansioso, vacía un remolino de sentimientos en trazos que buscan interpretar, fielmente, lo que sólo el alma entenderá, lo que sólo el alma conoce.

Este libro es una idea materializada en incontables palabras; experiencias transformadas en pensamientos que fluyen de una página a otra, respetando o ignorando la cronología de las historias propias o ajenas... Una invitación a la risa, al buen humor. Y quizá, partiendo de ese alegre estado de ánimo, la óptica ofrezca diferentes escenarios.

En mí habita una promesa, noble,
hermosa, de contagiantes colores...
y esa promesa habrá de realizarse
cuando logre sacar de mí misma
aquello que la hará posible.

Latte sin leche y espresso con crema

Un día, navegando en Internet, me encontré con algunas ligas de Jordi Labanda, de origen uruguayo; vive en Barcelona desde los tres años de edad y resulta ser un éxito por lo irónico de los mensajes que le dan el toque final a sus dibujos...

Una imagen llamó poderosamente mi atención: una muchacha, muy arreglada, se dirige con aire altivo a un novio enfundado en una cómoda *t-shirt*, que, despreocupado, hojea un periódico mientras escucha cómo ella le recuerda que al día siguiente se festejará San Valentín, al tiempo que le entrega una tarjeta y un sobre con dinero, pidiéndole que le anote una dedicatoria en la tarjeta y le compre unas flores; ella fingirá no saber nada cuando se encuentre todo al regresar del trabajo... Tal vez la mezcla del fuerte mensaje materialista y lo que considero el trasfondo de rémoras del feminismo (a mi parecer, la bandera feminista hoy se iza con nuevos lemas) fue lo que hizo que esta imagen se tatuara a fuego en mi cabeza recién incorporada de la almohada.

En mi caso particular, mi niñez no se vio envuelta en cuentos de hadas ni mi adolescencia se fugó en las historias de Corín Tellado; tal vez esa sea una de las razones por las que nunca creí la historia del "príncipe azul y una vida color de rosa" pintada en las paredes de una casa con una enorme cocina... Simone de Beauvoir llegó, quizá, en forma tardía a mis lecturas, pues estaba ya en los estudios superiores, y seguramente por eso es que en ocasiones me he dejado llevar por creencias de una sociedad que estigmatiza lo diferente y, en general, a toda persona que no entra en el orden de las cosas preestablecidas.

Puede ser que una *sui géneris* mezcla de lecturas, ideas propias y ajenas hayan producido esa concepción personal que tengo del amor... Para mí, una pareja dista de estar formada por dos personas que buscan complementarse entre sí, y que comparten los mismos gustos y aficiones; estoy firmemente convencida de que una pareja se forma por dos personas completas (como dirían las abuelas: "un hombre hecho y derecho, y una mujer hecha y derecha"); dos personas que además de tener claro quiénes y cómo son, tienen claro lo que quieren y lo que no; dos personas que, al mirarse a los ojos, saben que tienen frente a sí una oportunidad para crecer, que dan lo mejor de sí para mantener una relación de amistad, compañerismo, complicidad y amor; esas dos personas se unen para dar a luz algo difícilmente innominado en forma común, "algo" que se sostiene y alimenta cada día, cada segundo, en cada mirada y con cada silencio…, no con flores y tarjetas en un día de San Valentín, ni con pleitos y reclamos.

Dejé de creer hace tiempo en el amor eterno *per se* y tal vez también en el amor a primera vista… El amor es eterno si eternamente se alimenta, y el amor de generación espontánea, para mí es tan poco creíble como las promesas de campaña.

Pero, ¡hay que ver el recorrido personal que ha de realizarse para ser una mujer "hecha y derecha"!, una mujer completa que, en realidad, tenga claro qué es lo que quiere… y lo que de ninguna manera piensa aceptar.

¿Cómo escribir una historia de amor?

Quizá sea cierto lo que, en momentos como éste, cruza por mi mente: que cuando se inicia una historia de amor, como al escribir, los trazos son débiles, temblorosos, al punto de dar la apariencia de una tinta fina, casi débil...; conforme avanza la escritura, los trazos se vuelven firmes, en ocasiones casi alegres.

Y si el pensamiento es bueno y fluido, la ocasión propicia, y el escritor se encuentra rodeado de condiciones adecuadas, la historia podría no tener fin... La última parte llegará con el cansancio del autor o, tal vez, sólo con su muerte. Por eso, tantas obras inconclusas... y tantas historias de desamor.

Bebidas peligrosamente calientes para estómagos peligrosamente ¿tolerantes?

¿Cómo se inician las relaciones humanas? Hoy por hoy, lo más común es con un intercambio de números de celular, para de ahí pasar a un nuevo intercambio de mensajes que van y vienen, generando cuantiosas ganancias a las compañías telefónicas..., o bien intercambiando direcciones electrónicas, para después iniciar una actividad "epistolar" que, igualmente, genera cuantiosas ganancias a las mismas compañías telefónicas.

Y así, nos vemos leyendo y respondiendo mensajes de texto mientras vamos manejando para recoger a una amiga en el aeropuerto, con el consabido riesgo de estamparnos contra un muro de contención, todo por la emoción que causa saber de un individuo que apenas se acaba de conocer... Y también nos encontramos, pasada la medianoche, respondiendo correos electrónicos, ocupando las horas reservadas para el sueño y el descanso, en "presentarnos" con el sujeto-objeto de nuestra atención.

Y claro, unos y unas se sinceran tanto como pueden o quieren, para presentarse tal como son... o como se conciben en ese momento. Y es responsabilidad de una, en ese instante, leer con los ojos bien abiertos las letras que se tienen frente a sí, o escuchar con los oídos muy puestos y atentos las palabras que se pronuncian... porque, de otra manera, se corre el riesgo de verse envuelta en una revuelta defensa de géneros, tanto masculino como femenino, pero no sustentada en sus fortalezas, sino haciendo hincapié en sus debilidades cuando de una relación sentimental se trata.

De esa manera, cuando una lee, por ejemplo: "en mi fuero interno llevo a un canalla, porque soy cínico, egoísta, bebedor y sinvergüenza, lo que de ninguna manera me impide ser apasionado, amante de la música, los libros y, ¡por supuesto!, de las mujeres, por muy difíciles que sean de conquistar; soy observador natural de la mujer, por eso puedo adivinar sus intenciones...", se tiene una única opción: ¡huir de ese especimen!

Sin embargo, hay ocasiones en que, neciamente, una se decide por una opción inexistente, pero que se autodetermina como segunda opción: encabezar una defensa sin cuartel de semejante especimen. Y entonces una, como verdadera defensora de causas perdidas, puede llegar a aseverar que tanto hombres como mujeres pueden llegar a tener esa misma condición, que la mujer está sumergida en una burbuja cultural que predispone su mente al severo juicio de que la mayoría de los hombres son donjuanes, teniendo como consecuencia que, en medio del dolor del rechazo o el abandono, la mujer esté convencida de que fue el hombre quien actuó con dolo, ya que es responsabilidad de la mujer confundir empatía con una coincidencia de sentimientos... Ilógico, pero sucede.

Porque, si un hombre dice/escribe abiertamente que es del tipo que no sabe estar con UNA mujer pero tampoco sin ellas, si está convencido de que "todos creemos que amamos, pero la gran mayoría no está satisfecha con lo que tiene al lado"; y, peor aún, si se reconoce como cobarde y comodino, por ser de los que engañan en dos "frentes": en casa dicen que tienen mucho trabajo, que están con los amigos, que el jefe los invitó a cenar; y en la otra trinchera se desviven por hacer sentir bien a la tercera en discordia, le dicen que la quieren, que la extrañan o que se están separando... ese, justamente, es el momento en que una debiera darse cuenta de que la persona portadora de tales argumentaciones expone no sólo una falta de amor por sí misma, sino un terrible miedo a estar sola, pues tiene una imperiosa necesidad de estar con quien sea.

Claro, no es fácil elegir estar sol@ por tiempo indefinido o plazo determinado, quizá porque al estar sol@ es cuando un@ se enfrenta con sus riquezas y sus miserias; pero en ese punto es donde se puede visualizar lo que realmente se quiere, busca y tiene: lo que uno es… Hay quien dice que el infiel lo es no por estar insatisfecho con la persona que tiene al lado, sino por estar insatisfecho consigo mismo; porque cuando uno está satisfecho consigo mismo, cuando hay un equilibrio, sabes perfectamente lo que quieres, y no existe duda sobre con quién quieres estar. Esa falta de equilibrio es lo que genera tantas ganancias no sólo a los psicólogos y terapeutas del mundo entero, sino a las compañías telefónicas, cerveceras, centros comerciales… y todos esos "refugios" que se buscan después de una decepción amorosa, sin importar en cuál frente hayas desempeñado tu papel.

Pero, bien, si no se optó por la valiente retirada, habrá que tener en cuenta que el especimen en cuestión, además de interpretar las miradas, sonrisas, nervios, coqueterías y molestias que generan en una sus palabras o frases, también evaluará, a detalle, los efectos de estas reacciones, exactamente igual como lo hacemos las mujeres. Aunque, vale decir, existe una diferencia: la mayoría de nosotras lo hacemos para saber qué tanto "avanzamos" en ese "terreno" casi desconocido; este especimen lo hace para actuar como le dicte su conciencia… o conveniencia. Así, si el especimen se encuentra inmerso en una relación, desde luego no lo dirá, pero sí actuará con prudencia… Como un doctor que, teniendo en la mano los resultados de unos análisis que le auguran poco tiempo de vida al paciente, a pesar de tener los elementos para dar un dictamen médico correcto, opta por no decir nada para que el ignorante paciente viva feliz los últimos días de su existencia. Sí, en uno y otro caso la ética, desde luego, es la feliz ausente.

También hay quien justifica este "estilo de vida" argumentando que es muy difícil que se reúna en una sola persona (novio, pareja, esposo) al amigo, al compañero y al amante. Sí, seguramente habrá muchas personas, de ambos sexos, que tienen cubiertas las tres necesidades con tres personas distintas; habrá quien se conforme con cubrir una, la que considere más importante para su paz emocional… y en este punto, honestamente espero que nuestra cultura esté cambiando sin que yo me dé cuenta porque creo que la gran mayoría de las mujeres prefieren a un buen esposo, aunque sea pésimo amante y peor amigo… Pero, en los entresijos de esta argumentación, se oculta una verdad pura: las verdades a medias nunca dejarán de ser mentiras.

Y de seguir así el rumbo de las cosas, pasado el tiempo, se puede llegar a abandonar a la Juana de Arco interna, a la Simone de Beauvoir, para retomar a la Ana Karenina o la Cenicienta de los cuentos de la infancia: se abandona a la mujer verdadera.

En ese momento, una tinta tenue pero firme, comienza por escribir una historia… *Érase una vez, en un remoto punto geográfico, un par de desconocidos…* Yo soy Desireé. El Humano es… humano. Y yo, Desireé, contaré su historia, mi historia… La historia cualquiera, de dos personas cualesquiera, que un día cualquiera, sus caminos se cruzaron…

Todo comenzó la tarde sosegada de un incierto día laboral. Desireé miraba obstinadamente su impecable manicure, al no encontrar nada más entretenido que hacer durante la espera.

Por aquellas fechas, la paciencia era todo, menos su principal característica; sin embargo, las circunstancias le impedían manifestar abiertamente su creciente desesperación. Había llegado puntual a la cita a la cual se le había convocado, al igual que a otros cuatro o cinco ingenuos asistentes. Esos ambientes laborales tan cargados de protagonismos y rituales sin gracia ni fin alguno la estaban cansando; hacía días que rondaba su cabeza la peregrina idea de renunciar y hacer con su vida un papalote… o un eneagrama multicolor, lo que fuera, menos estar apolillando sus horas de vida al servicio de la reunión que a algún descabezado se le ocurriera programar a última hora… y todo, para que no empezara a tiempo.

Justo cuando pensaba en la posibilidad de que aquellas fueran sus últimas reuniones en aquella sala de juntas lúgubre (sin adornos, sin floreros..., sin un indicio de que eran seres humanos quienes organizaban ahí reuniones para otros seres humanos), empezó la reunión. Corrijo, en aquel instante, entró con paso presuroso, postura encorvada pero impecable atuendo, quien daría inicio a la reunión.

Desireé aún no había podido reordenar los papeles que tenía ante ella mientras, lo más discretamente posible, se acomodaba con propiedad en la silla, cuando el individuo de la postura encorvada comenzó por presentarse con el puesto que ocupaba dentro de la organización. “¿Y su nombre?”, pensó, creyendo que a causa del ensimismamiento no había logrado escuchar el nombre; pero no, acto seguido, después de la larguísima nomenclatura, el individuo soltó su nombre como quien suelta la fecha del día de hoy para continuar con una lista, larga y petulante, de cargos ocupados en otras organizaciones.

Eso era demasiado. Cayendo en el sucio juego del prejuicio, Desireé catalogó al individuo de soberbio y engreído, demasiado pagado de sí mismo, por no decir más. Pero él sí tenía más qué decir: “...como verán, no soy ningún improvisado en el tema...”. A esas alturas, una sola frase hacía eco en su cabeza cubierta por una espesa melena: “dime de qué presumes y te diré de qué careces”. Desde luego, a la primera oportunidad que tuvo, tomó el celular con la mano izquierda y salió del lugar, plantando con firmeza un pie delante del otro, más para sacudirse aquellas energías extrañas que impregnaban el lugar, que para dejarle clara a la audiencia su repentina y momentánea retirada. Para el individuo, por supuesto, no fue ajena su partida.

Al salir, dejó tras de sí la reunión y su contenido, y se ocupó de lo que en aquel momento representaba para ella una urgencia mayor: hablar con un amigo para acordar la hora de la cita de aquella noche. Hacía días que no platicaba con él, y echaba de menos sus consejos oportunamente espaciados por discretos piropos. Una vez realizada la llamada de no más de cuatro minutos, regresó al asiento que, en forma airada, reclamaba su presencia. Tiempo después, indefinido, pues una indeterminada cantidad de información parecía haber paralizado el segundero, se declaró un receso: el mínimo indispensable para tomar alimentos. "¡Vaya! Ni siquiera el suficiente para alejarse más de cinco cuadras", pensó.

Al regresar, cargada con bolsas de chocolate de marca americana, ocupó uno de los pocos lugares disponibles, muy cerca del individuo del cargo de larguísima nomenclatura. No desaprovechó la mínima distancia para observarlo: rara vez, y por escasos segundos, su postura era erguida; había momentos en que parecía que el traje engulliría a su portador; al hablar, con el brazo derecho haciendo escuadra sobre la mesa, por lo regular se colocaba la mano frente a la boca, amén de que su ademán preferido era mordisquearse el dorso de la mano derecha; camisa, saco y pantalón iban estudiadamente planchados y, por supuesto, combinados con la corbata, las mancuernillas, el cinturón y los zapatos.

Veinte para las nueve. Si Desireé se apresuraba, alcanzaría a subir los cinco pisos que la separaban de su oficina, reportarse con su jefa, tomar su bolsa, despedirse del personal que aún estaría esperándola, bajar nuevamente los cinco pisos, salir de prisa hacia el estacionamiento, caminar cuatro cuadras, subir tres niveles, arrancar el vehículo, bajar los tres niveles y manejar sin muchas precauciones en medio de un despiadado tránsito vehicular de viernes por la noche para llegar a la cita. Y eso fue lo que hizo, no sin antes, desde luego, salir airadamente del lugar y sin despedirse del individuo que encabezaba la reunión... Ya había tenido demasiado para un solo día.

Hay días en que se me antoja estar viviendo un sueño, una realidad paralela a la mía donde mis sueños más sencillos no son los que a la luz de la razón parecen imposibles... Días en que una sonrisa pudiera ser motivo suficiente para mantener un gesto idéntico en mi cara semanas enteras...

Café clásico, panecillos clásicos... elige lo que sea

Un buen día, Desireé decidió vivir la vida a su manera: abandonó los ambientes asfixiantes, cargados de formulismos y desencuentros, y comenzó a diseñar sus días, pintándolos con mil colores y protagonizándolos con los papeles que ella decidía. Sus primeros intentos, rudimentarios, dudosos, no culminaron todos con gran éxito: se inscribió en cursos que nunca terminó, empezó por dibujar cuadros que jamás se llenaron de colores.

Y así, en medio de esa reconstrucción, y cargando a cuestas un incontable número de relaciones sentimentales sin principio ni fin, comenzó un día a enamorarse, o quizá, mejor dicho, a asirse de la única tabla de flotación que tenía a la vista: el desconocido humano que mantenía aún el cargo de larguísima nomenclatura y que respondía al nombre de Domenico.

Porque es obvio, ¿qué eliges cuando te ofrecen únicamente helado de chocolate? Imposible escoger vainilla o plátano con nutella. Si has adquirido la sabiduría necesaria para comer sólo aquello que se te antoja, abandonas el lugar, en búsqueda de aquel sabor que tú prefieres… Pero si estás, digamos, en proceso de aprendizaje y consecuente adquisición de esa sabiduría, ¡te conformas con el helado de chocolate!

Ese enamoramiento, dentro de esa heladería de única opción, surge de manera natural como consecuencia de un constante ir y venir de correos electrónicos y mensajes de texto, comidas espaciadas que van espaciándose menos, hasta que llega el momento en que se alternan con desayunos y cenas.

En ese momento, las coincidencias son —aparentemente— muchas o quizá la empatía no es más que, en una palabra, suficiente. Y un buen día, de un lejano mes, como cualquier mujer, como en cualquier otro momento, lo decidió: tenía la fuerza y el coraje necesarios para entregar su corazón; y se entregó en un abrazo, en un beso…

Y así fue como, seguramente igual que muchas mujeres de todos los tiempos, de pronto se encontró sin saber qué hacer con tanto sentimiento, ni con qué palabras expresarlo… Y de la misma manera, decidió darle a su relación sentimental el lugar preponderante que siempre había ocupado su trabajo; y poco a poco, la hora de la comida se fue convirtiendo en un momento especial que, al cabo de dos meses, compartía diariamente con Domenico, salvo contadas excepciones. Y por las noches, abandonó los lugares que con frecuencia visitaba para deleitarse con la música que tanto le gustaba, para escuchar la melodía que más hermosa sonaba a sus oídos: la voz y palabras de Domenico. ¿Proceso natural o continuación perfecta del cuento de Cenicienta?

En esos primeros días, lo sabemos bien, mantienes una constante sonrisa en el rostro; el pesado tránsito vehicular de cualquier populosa ciudad nunca ha sido tan amigable y placentero a los ojos; las labores de una recién adquirida libertad o una conocida rutina nunca han sido tan plenas... Cuando sumergida en esta quimera lees el primer "te amo", das por un hecho no sólo la literalidad de esas cortas y sencillas palabras, sino también su autenticidad; se les otorga el carácter de sentencia definitiva.

Y es cuando cualquier cantidad de cariñosos apelativos tienen un significado diferente, se hacen propios... al creerse propios. Así, frases como "mi pequeña", "mi niña", "hermosa" y el tan trillado "amor", entre muchas otras, se asumen como única y exclusivamente dirigidas a una... en todos los tiempos. Al menos, así lo creía Desireé; era como si esas palabras tuvieran una leyenda de marca registrada, tanto como si ella fuera la única mujer en la vida de Domenico autorizada para ser identificada con aquellas frases.

Y lo mismo sucede con los más famosos poemas y canciones de amor, no importa cuántas veces los has escuchado; cuando ese sujeto-objeto de tus desvelos te los dedica, adquieren, en ese momento, el significado de únicos e irrepetibles. Fue entonces cuando, al escuchar "me siento afortunado desde el día que pude reconocer que estaba enamorado de ti...", muy a su pesar, no tuvo más opción que pensar en Domenico como su "príncipe azul".

Tú de mí, yo de ti...

Quiero hablar y que me escuches, quiero escucharte cuando hablas... No quiero que discutas lo que te digo ni discutir lo que tú me dices... Quiero amarte y que me ames... No quiero lastimarte primero y después amarte ni que me lastimes para poder amarme... Quiero alejarme de ti si es necesario para no hacerte daño... y evadirte, huir tal vez de ti si también es necesario...

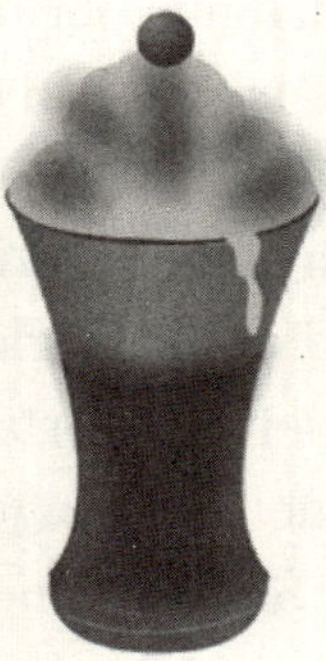

Variedades de frappé

¿Qué haces cuando vas manejando por una calle aparentemente vacía, la luz preventiva se enciende y aún te encuentras alejada del cruce? ¿Comienzas a frenar o aceleras?

Quizá, si por tus venas corre sangre aventurera e irresponsable, pisas el acelerador a más de cien para llegar al cruce justo en el momento en que la luz roja ha hecho su triunfal aparición; pero si las clases de civismo y manejo hicieron lo suyo, reduces la velocidad paulatinamente hasta llegar a cero, en el momento preciso en que un internacionalmente conocido "alto" cede el paso a otros vehículos. De igual manera, en las relaciones hay "luces preventivas" que se encienden.

Cuando Desireé llamaba por teléfono a Domenico, los apelativos cariñosos saltaban de los labios de él en forma espontánea, al menos aparentemente. Bueno, hubo una ocasión, en aquellas primeras idílicas semanas, en que se decidió a llamarlo a la hora de la comida... y un Domenico cortante, muy distante, contestó sólo: "¡Mande!"; se congeló al instante, enmudeció... "¡Mande!"... Silencio, duda... un "¿Qué pasó?" en tono casi grosero; sin la seguridad que generalmente acompañaba sus palabras, preguntó si estaba ocupado y recibió por respuesta un "ahorita te llamo". Y llamó, pero ahora era el Domenico de siempre, arrojando por delante la obvia explicación de su grosero trato: "Venía manejando sin el teléfono de manos libres, tenía una patrulla al lado y un policía delante de mí, pero, ¿qué pasó, amor?". Desde el primer segundo sintió una punzada en la boca del estómago... y la ignoró. Ignoró la luz preventiva.

¿Cuántos semáforos se encienden en amarillo en las relaciones para sugerir un prudente alto en el camino? Siempre que no seamos capaces de distinguir los colores, tampoco seremos capaces de ver las situaciones con claridad.

Cuando en medio de un viaje te encuentras a tu compañero sentimental, en pleno fin de semana, recibiendo y enviando mensajes en forma constante, la explicación es lógica: ¡son asuntos de trabajo! Claro, ¿cómo podríamos ser capaces de pensar algo distinto a eso? Y bueno, también es posible que cualquier madrugada, mientras la feliz y fiel pareja se funde en un largo y apasionado beso, suene el celular indicando que está recibiendo un mensaje de texto... El beso no se interrumpe, se hace caso omiso de que es casi medianoche. Pocas horas después, duermes en esos brazos que, desde el primer momento, ningún minuto de ninguna noche se han alejado de tu cuerpo… Pero en un momento despiertas, precisamente por la ausencia de esos brazos… Comienzas a abrir los ojos y escuchas el familiar sonido de las teclas del celular, una tras otra; se está enviando un mensaje. Al voltear la cabeza, confundida, el celular se esconde al tiempo que, casi en forma violenta, se cierra la tapa… Al preguntar "¿qué pasó?", escuchas un alegre "nada, estaba leyendo los mensajes que recibí", y al cuestionar quién envió los mensajes, la respuesta te congela: "Alguien que aún no entiende que ya cambié y que en mi vida sólo existes tú".

En momentos así, o se pisa el freno en forma cautelosa o te arriesgas a colisionar en cualquier momento contra una realidad poco deseable.

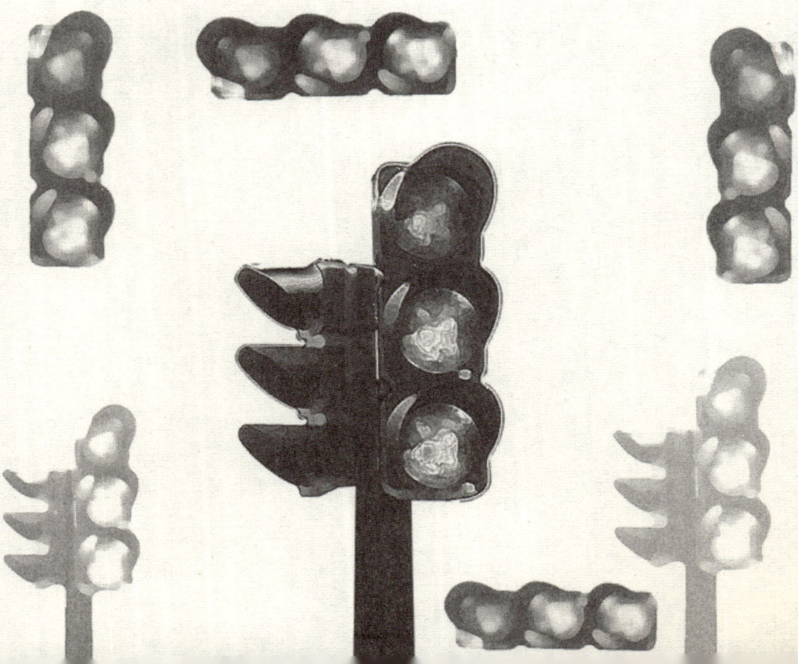

Yo de ti enamorada

¿Qué puedo esperar de ti, qué palabras habrán de dirigirme tus labios? Le sonrío a un futuro incierto que cobijo con mi esperanza, anhelo de tu vida un pedazo de tu tiempo, un rincón de tus espacios.

Quisiera ser con el viento el suave murmullo que deleita tus mañanas, la gota de agua que corre entre tus manos, la ligera suavidad de una caricia, la lejana quietud de tus andanzas.

Quiero saber de ti, escribir tu historia en el blanquiazul del cielo, borrar con tu nombre la locura del recuerdo.

Capuccino descafeinado

Un día, cuestionándome pacientemente aquellos dogmas y paradigmas que habían marcado mi existencia en los últimos años, salieron a relucir los temas que a la mayoría de las mujeres interesan en medio de lo que consideraba un aturdimiento disfrazado de utopía: el matrimonio y la maternidad.

Para mí, la soltería nunca significó el *status* ideal, porque ni siquiera lo consideré un *status*; simplemente era un estilo de vida. Jamás me había imaginado ser la "señora de…", como nuestra sociedad gusta nombrar a quienes suscriben un contrato donde, en pocas palabras, lo único que se estipula es el régimen de propiedad de los bienes que a fuerza de convivencia se habrán de compartir, y para lo que finalmente sirve es para decir "esto es tuyo o es mío" en caso de disolución del vínculo, y que por la mera existencia *per se* de dicho instrumento jurídico, los vástagos lleven el nombre de los firmantes. Porque, a decir verdad, no hay un contrato nupcial que señale que "las partes acuerdan que a partir de esta fecha, cada día procurarán mantener viva la llama del amor que hoy los hace firmar este documento, llenándose mutuamente de atenciones, detalles y sonrisas que jamás permitan olvidar que algún día juraron amarse durante la eternidad…".

He escuchado muchas veces que casarse es "asumir un gran compromiso" (de por vida, dicen los más románticos, ilusos o ultraderechistas), y con esa frase, otra que la acompaña: "son dos las grandes decisiones del ser humano: con quién te casas y tener un hijo". Hubo un tiempo en que asumí que yo era una ferviente escurridiza de los compromisos.

Pero no. Considero que no son únicamente dos las grandes decisiones del ser humano: cada día es una oportunidad única para tomar la gran decisión de ser mejores personas, de regalar sonrisas como Dios nos regala lluvias, viento, amaneceres y lluvias de estrellas. Y cada día, tenemos en nuestras manos la opción de elegir, o no, cambiar, mejorar, deshacernos de nuestras ataduras o saltar al abismo de lo desconocido sin más equipaje que nuestras propias fortalezas.

Y la decisión de la profesión que elegimos, ¿en dónde queda? ¿En las decisiones simples, análogas a la ropa que elegiremos para una cena? ¿O existe un término medio entre las decisiones simples y esas "dos grandes decisiones"? Y, ¿qué hay de quienes deciden hacer a un lado el alcoholismo, las drogas o cualquier otra adicción? ¿Son decisiones *sui géneris*?

Así visto, en realidad nunca fui una evasora declarada del compromiso. Y nunca lo fui, porque he asumido compromisos personales, laborales y profesionales de diversa índole; y, aunque mordiéndome los labios cuando me equivoco, asumo las consecuencias con la frente en alto y la mano firme. No, definitivamente, el mayor compromiso ha sido conmigo misma; porque he tomado decisiones (buenas, malas, pésimas; como la sociedad prefiera juzgar, pero a final de cuentas mis decisiones) siempre con la certeza de luchar por ellas para hacerlas una meridiana realidad.

Cuando estaba por cumplir treinta años, decidí hacer una fiesta temática que reflejara lo que llevo en la sangre: un espíritu norteño inquebrantable y añorado. Y había decidido, meses antes, que las invitaciones tendrían la leyenda "te invito a festejar mi soltería definitiva". Pero, por aquel entonces, todavía una parte de mi ser vivía para "el qué dirán", y ese "qué dirán" dijo que cómo era posible, que de ninguna manera, que esas eran locuras, que no sabía lo que decía, pero que si yo era un buen partido, que parecía que me estaba casi rifando a mí misma… y no faltó un "qué dirán" que dijera que sería tanto como si declarara que soy homosexual..., ¡aunque mi historia personal reporte claras evidencias de lo contrario!

Y pasó lo que por aquel tiempo ocurría; le hice caso al "qué dirán", y si bien mi fiesta sí fue temática, ninguna diferencia hizo con el resto de las fiestas.

En fin. Para empezar, no soy un buen partido. En mi SER, así, con mayúsculas, porque es mío y es muy grande, nunca ha existido ni existirá en forma intrínseca ningún equipo de ningún deporte como para que se denomine mi SER como "buen partido". Seré buena persona, tal vez buena candidata a un puesto (de trabajo, jamás de elección popular); pero nunca un "buen partido".

Lo demás, como tantas otras cosas, son palabras, ideas que dejan en evidencia la historia personal del mundo que nos rodea, que no necesariamente tiene que ser mi historia personal, mucho menos una definición acertada de quién soy. Pero eso no lo entendí hasta hace poco más de tres años.

Debe haber "algo" que motive a tantos hombres y mujeres del mundo a tomar como suyas cualquiera de esas dos decisiones, o ambas. Quizá, se me ocurre pensar que en el caso de las mujeres, es menester conocer a un Hombre. Así, con mayúscula, porque hombres se pueden conocer muchos… Sí, creo que cuando una Mujer conoce a un Hombre, la idea de compartir la vida y que ésta se materialice ante los ojos con forma de matrimonio no sólo ha de ser hermosa, sino seguramente alimenta ese deseo de ver un par de diminutas manos asirse de las suyas. Y aunque hoy puedo decir que adoro ver a los niños correr detrás de un globo o de un perro o para abrazar cariñosamente a su mamá, jamás me he imaginado a ningún niño como mío ni a mí como a esa mamá… Sí, seguramente aún no he conocido a ese Hombre; o tal vez la primera letra que designa mi género esté en proceso de crecimiento para convertirse en mayúscula…, tal vez…

El minuto

Fueron transcurriendo los días, después las horas..., luego, los minutos. Cada uno, largo en la métrica correspondiente: cinco días a la semana, doce horas al día; invariablemente sesenta segundos de cada minuto. Cuando comencé a contar las horas, me inventé ocupaciones...
Pero me sucedió lo que siempre me ocurre cuando me impongo algo derivado de una necesidad absurda: me aburro, me peleo con el transcurso invariable, monótono, tedioso y lejano del tiempo.
Cada minuto que pasa es un pasado remoto, por ser ajeno al presente, por ser imposible su regreso; y cuando somos conscientes de la fatalidad de los tiempos, del plazo vencido, es cuando buscamos incesantemente exprimir la última gota de cada instante; como dice la trillada frase: como si fuera el último segundo...
Ahora cuento los minutos... Los días ganan juventud y yo la pierdo.

Café de altura... media y sin sabor

La constante en la relación con Domenico, mejor dicho, un problema constante en esa relación, fueron las llamadas telefónicas. Llegó un momento en que nunca sabía al marcar si él contestaría en forma amable o cortante, como aquella vez que los hombres vestidos de azul "le impidieron" contestarle amorosamente. Lo platicó, intentó persuadirlo y cuando no pudo más, lo reclamó.

Reclamos..., ¿por qué se hacen necesarios los reclamos? O bien planteada la pregunta, ¿son necesarios? Si no lo son, ¿qué se hace cuando un cada vez menos alegre novio te dice: "Entiende, no puedo utilizar el mismo tono frente a la gente que está bajo mi mando que con aquella ajena a mi oficina"? ¿Se inventa una clave personal para tener claro que, en un momento sí y otro no, eres merecedora de un tono de voz cariñoso?

Y, ¿qué sucede ante los reclamos? Primero, la novia, tú, yo, cualquier Cenicienta, adquiere el título de "celosa novia"; y en forma casi simultánea, el novio modera su manera de atender el teléfono..., por unos días. Después, cada dos por tres se repite la misma situación, de ida y vuelta: él usa un tono distante, ella reclama, él se molesta para después disculparse y recuperar la postura de amante novio... y el ciclo comienza nuevamente.

Sí, un minuto hacía la diferencia: si llamaba a Domenico un minuto después de haber concluido una reunión (incluidas comidas y cenas), o un minuto antes de iniciarla, la conversación era amable, hasta romántica...; un segundo fuera de tiempo, en forma inexorable, daba inicio al mentado ciclo.

Por aquellos días de "incertidumbre telefónica", Desireé se preguntaba si existiría una fórmula mágica para que su relación retomara el impulso de los primeros meses... Porque, a decir verdad, las llamadas ya no eran el único problema que se traían entre manos; Domenico salía cada vez más tarde del trabajo; quedaba a una hora para comer y llegaba tarde cada dos por tres... y está el asunto de la hija. Domenico tiene una hija que se llama Mariana, a la que veía un día de cada fin de semana. Desireé ocupaba ese día para hacer cualquier cantidad de menesteres que en el transcurso de la semana no hacía: estética, compras, visitas a familiares, desayunos y comidas con amigas...

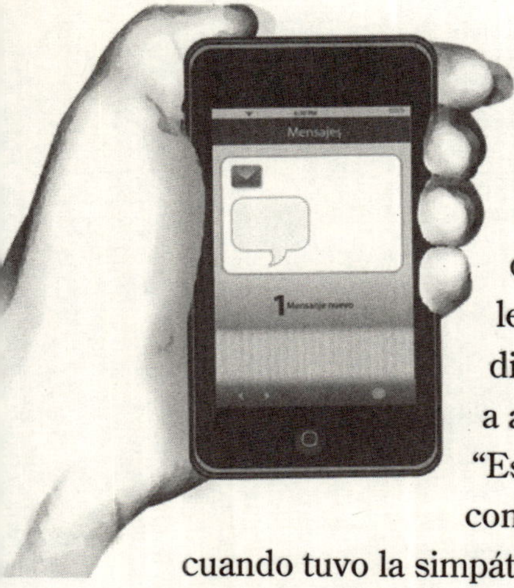

Y en el transcurso del día, la comunicación con Domenico se reducía exclusivamente a mensajes por teléfono…, porque a la mamá de Mariana no le parecía correcto que él le dijera "te amo" delante de la niña a alguien que no fuera su mamá. "Es porque no quiere que se confunda", le contestó Domenico cuando tuvo la simpática ocurrencia de preguntar el motivo.

Pero un suceso inesperado interrumpió sus cavilaciones diarias: un retraso… un día, luego dos… Al cuarto día, estaba a punto de golpear paredes: ¿cómo pudo haber sucedido? En primer lugar, tenía muy claro que no deseaba tener un hijo ni con Domenico ni mediante inseminación artificial; y en segundo lugar, ese tema ni siquiera se había platicado con él, a quien por esos días veía con ojos de furia.

Por aquellas fechas preparaba un viaje de estudios de dos semanas, tiempo suficiente, había pensado con algo parecido a la resignación, para poner una sana distancia física y volver a enamorarse de Domenico, retomando tan sólo los bonitos recuerdos de lo que fue… Además, claro, de un buen número de proyectos que deambulaban felices entre sus neuronas, esperando el momento oportuno de materializarse en papel. Entonces, ¡cómo fue posible semejante descuido!

El tiempo

Sí, la vida es un suspiro..., sigue su rápido curso, indiferente a los términos, inmisericorde con los plazos fijos de las etapas cronológicas del ser humano; pero también es bondadosa con los recuerdos, nos permite acariciarlos cada vez que nuestro corazón lo exige, y se muestra generosa con sus manifestaciones, esas manifestaciones que llegan a nosotros con la variedad de colores de un atardecer, los sonidos que se disminuyen e intensifican de manera continua a nuestro alrededor..., en las caritas sonrientes que en un instante pueden tornarse serias y hasta cómplices; en el placer único que ofrece ver la danza pausada de las nubes.

El tiempo es amigo de quien busca la felicidad, de quien se entrega sin limitaciones o tacañerías, de quien sabe disfrutar la presencia del ser amado sin atormentarse con su ausencia. El tiempo es verdugo cuando negamos nuestros sentimientos, cuando no expresamos nuestros buenos deseos, cuando el orgullo vence, cuando la fatiga del alma aniquila nuestros suspiros. Pero también el tiempo es crítico, crítico y juez de nosotros mismos cuando abandonamos un sueño, cuando ignoramos desafiantes una ilusión... y nunca, estoy segura, deja de ser esperanza; porque en el segundo por llegar está la posibilidad única de renovarnos, de ayudarnos a renacer con la fuerza acumulada por los golpes que nos derribaron, las lágrimas que no escaparon y el llanto que ahogamos. Ahí es donde está nuestra esperanza de encontrarnos a nosotros mismos, de ser no aquello que el mundo espera o desea de nosotros, sino lo que nuestro corazón necesita, aquello que nuestro espíritu reclama...

Capuccino fuerte con panna... ¡y un mapa de la ciudad, por favor!

Cuando afortunadamente el retraso dejó de serlo, se animó, en una plática, a confiarle a Domenico el porqué de su estado de ánimo durante los últimos días. Ni tardo ni perezoso, le dijo que a él le encantaría tener un hijo con ella, con aquel cabello rubio que tanto le encantaba, aunque, si ese no era su deseo... y en medio de frases más llenas de amor por el futuro y la patria que amor por ella, le propuso matrimonio. Fue entonces cuando decidieron vivir juntos.

Así fue como, a partir del día siguiente, Desireé se vio buscando departamento en las zonas aledañas a sus respectivos centros de trabajo, y de vez en cuando volteaba a ver revistas de decoración con un suspiro de emoción: ¿cómo sería mejor decorar el lugar donde habrían de compartir sueños y esfuerzos por igual? Y, hay que decirlo, ¿cómo sería el lugar donde esperaría horas y horas, hasta casi entrada la madrugada, la llegada de un Domenico cada vez más distante? Porque, a pesar de tan alegre propuesta matrimonial, no pasaba un día sin que sus llamadas se quedaran sin respuesta, o tuvieran una respuesta altanera, y sin que sus preguntas terminaran casi en altercado. Domenico se excusaba bajo el argumento de tener mucha presión en el trabajo, motivo por el cual dejaba de atender el teléfono… Aunque, cuando estaba con ella, sí podía atenderlo, sin importar la hora, sin importar lo que estuvieran haciendo.

Por aquellos días, salieron con unos amigos a escuchar música. De regreso, pasada la medianoche, Domenico recibió una llamada. Dijo que era de la oficina, confirmándole el envío de un correo electrónico.

Casi una semana después, él le platicó que aquella noche había recibido una llamada de la secretaria de su jefe, pero al contestar no era ella quien llamaba, sino el novio, para gritarle toda clase de exabruptos. Le cuestionó, sencillamente, qué había hecho después de eso. “Nada, colgué, y el lunes le pregunté a ella si necesitaba algo; me dijo que no”. “¿Fue la llamada que recibiste después de medianoche?”, preguntó, y con desesperación en el tono de voz, Domenico dijo tajante: “¡No!”. Silencio. “Domenico, ¿alguna vez saliste con ella, te acostaste con ella o hubo alguna relación entre ustedes?". Lo único que escuchó, milésimas de segundo antes del portazo fue: "¡Ya vas a empezar con tus celos!".

Ese día, después de meses de no hacerlo, Domenico le escribió un mensaje electrónico. La invitaba a tener confianza en él, a no reclamar por reclamar, a hacer a un lado sus celos... porque, de lo contrario, sería muy fácil que él "cayera en la tentación" de terminar en otros brazos o en otra cama. Y eso no quería hacerlo, porque él la amaba, pero estaba empezando a sentirse acorralado.

Tuvo que leer tres veces el mensaje para convencerse a sí misma de que había entendido muy bien ese *sui géneris ultimátum*...

A estas alturas, una puede preguntarse: "¿Qué estoy haciendo mal? ¿Cómo conseguir tener confianza en la persona, ese "humano" que de repente se ha vuelto tan diferente a lo que una vez fue? ¿Qué me puede dar la tranquilidad y la certeza de ir por buen camino? ¿Cómo puedo tener la seguridad de pisar terreno firme? ¿Cómo se consigue tener certidumbre?".

Porque, seguramente como a cualquier mujer, me gusta saber dónde estoy parada, sentir el terreno seguro; como cualquier animal en esta tierra, que cuando huele la incertidumbre se altera, nuestros sentidos se perturban y el panorama cambia... Y, si la seguridad que se necesita sentir no es una consecuencia natural de las acciones de alguien externo..., ¿cómo se puede tener confianza?

Cuando te encuentras inmersa en una nube incolora o tal vez muy densa, es difícil que la claridad de pensamiento se anuncie una mañana para decir "¡ya estoy aquí! Vamos a ver qué has hecho...". No, estando ya en esa situación, la desesperación o la esperanza, o el amor... o la falta de amor por sí misma, le hizo escribir a Desireé, como respuesta, algo parecido a un decreto de confianza.

Esa noche, al llegar, Domenico no hizo mención alguna del mensaje. Ni de la llamada de la secretaria. Ni de nada más. Parecía que nunca hubiera ocurrido nada, como si estuviera viviendo en dos mundos paralelos, y en aquel momento estuviera ubicada en uno donde nunca hubiera existido contratiempo alguno. Nada... Aquella noche no durmió.

Sentimientos

No hay canción más triste que aquella compuesta por una ilusión perdida; la historia de amor más desesperada no la escribe un corazón abandonado, sino un corazón que no sabe a quién ni cómo entregarse... Estoy convencida de que ello sí puede matar de amor, porque es tal el sentimiento, tan grande e infinito, que sin poder salir, ahoga todo lo que encuentra a su paso.

El ayer duró un suspiro, es ahora un eco, un lamento que se escucha no muy lejos de los resquicios de una razón desamparada.

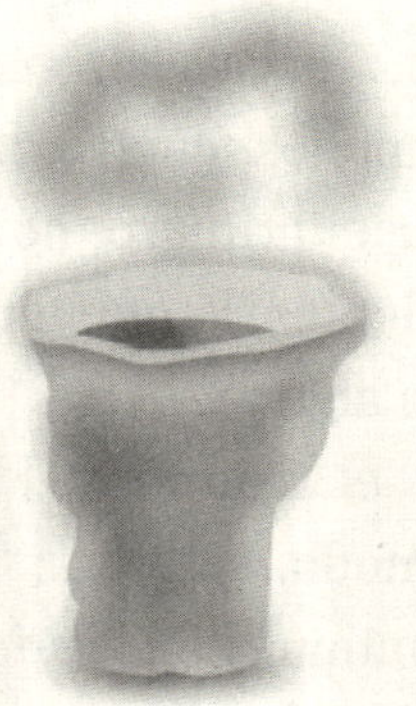

Café negro, extra, sin azúcar... ¿sin sabor?

El día se inició con un alegre "buenos días" y un cariñoso beso. Y cada quien partió rumbo a sus respectivas actividades laborales.

Ese día, Desireé comió con una amiga, y durante la plática, la llamada de Domenico fue distinta: él se comportó alegre, risueño, amoroso... Algo no encajaba... Decidió ponerle *stop* a sus pensamientos; ¿por qué sus razonamientos siempre le conducían a dudar de Domenico? Quedó con su amiga en enviarle una serie de archivos que le serían útiles en su investigación sobre artesanía africana, así que al regresar a la oficina, ocupó buena parte de la tarde en esa actividad.

Una vez ordenados los archivos, se

conectó a Internet… y, ¡vaya sorpresa! En la bandeja de entrada tenía al menos cuatro nuevos correos de Domenico. Al abrir el primero, no atinaba a poner en orden sus pensamientos, lo que tenía frente a sus ojos no guardaba lógica alguna…

Para empezar, el asunto del mensaje era, por decirlo de algún modo, singular: "Espero que te sea de utilidad". Y a continuación, se desplegaba una serie de copias de pantallas de correos enviados y recibidos por Domenico… y la secretaria por quien, apenas un día antes, habían tenido un conato de altercado.

Al final, otra leyenda: "Seguramente dudarás que esto sea cierto; la contraseña es…".

Las manos le temblaban; el sonido que escuchaba, sordo y lejano, era incapaz de reconocerlo como su propio pulso; parecía que el mundo se hubiera detenido y su cuerpo aún no fuera consciente de ese alto en el camino… Abrió en su *lap top* otra ventana, y una vez utilizadas las teclas correspondientes, con los ojos empañados, tuvo frente a ella una verdad cruel, sin cortapisas…

Sí, en aquella cuenta de correo que hacía tiempo Domenico había dejado de utilizar para enviarle correos, estaba la constancia de una singular, cariñosa, familiar y romántica actividad epistolar entre su flamante novio y… la secretaria, la mamá de Mariana y al menos tres o cuatro féminas más.

Es curioso. Tal vez debido a su peculiar gusto por la lectura o quizá por una desbordante imaginación que en ocasiones había tenido seriamente reprimida, se le ocurrió pensar a Desireé que si algún día ella hubiera elegido tener dos o tres amantes de manera simultánea, a cada uno lo hubiera tratado de distinguir dentro de su mundo y características particulares. Los más experimentados en el tema le habían objetado que eso era impensable, pues genera una traicionera confusión mental que conlleva a una explicación no pedida, y ya sabemos lo que se dice de la acusación. Sin embargo, si alguien le hubiera preguntado, ella habría elegido que Domenico, ya puestos en el escenario de los cuernos, al menos hubiera tenido la consideración de diferenciarla del resto.

Porque, seamos honestas: de por sí no resulta nada grato darse cuenta de que aquél, a cada "¿por qué llegas tarde?" o "¿quién te llamó casi a las siete de la mañana y en pleno fin de semana?", salta como venado en caza con un "¡otra vez tus celos!". Ese personaje, el mismo, ha estado manteniendo una doble o triple relación sentimental en forma paralela a aquella que mantiene contigo. Menos grato resulta, créanme, hombres que han decidido leer esto, darse cuenta de que ese "mi niña"/"pequeña"/"pulguita" o como quiera que elijan nombrar al objeto de su ¿amor?, ¡¡¡se usa indiscriminadamente con cuanta mujer forma parte de ese *sui géneris* harén!!! Tampoco es agradable ver que, en las mismas fechas, dedican las mismas canciones y los mismos poemas... ¡a distintas destinatarias! ¡Ay, Desireé...!

Bueno, y ni hablar de los pretextos más trillados... "Llegué tarde porque tuve una reunión urgente; el fin de semana no te podré ver porque me están enviando a verificar el nivel de humedad relativa del Pico de Orizaba; no podemos comer porque tengo que acompañar a mi jefe a... una cita con el doctor, a una comida de negocios, a medir los imecas, o cualquier otra actividad igual de importante…", o un: "si no te escribo tantos correos es porque lo que siento prefiero decírtelo…". Todos estos ingratos recuerdos acribillaron la mente de Desireé mientras leía que, con una, comía diariamente en los primeros meses de su relación (relación que ahora se integraba por un número de personas que, al decir de los correos, había crecido exponencialmente); con otra, se escribía diariamente para tratar de retomar los restos de una relación que, se supone, había quedado en el pasado; con una más…

En aquel momento la venda cayó de sus ojos: ¿desde cuándo la presencia de un policía impide que un novio sea cariñoso con la que debiera ser su única novia?

Sus serias y profundas cavilaciones las interrumpió el familiar sonido del celular. Un mensaje. De Domenico. "¿Nos vemos para cenar?". Desireé, o mejor dicho, una extensión suya, su mano, para ser precisa, contestó con un lacónico: "Claro, ¿dónde y a qué hora nos vemos?". Acto seguido, en ese mismo estado de trance, imprimió todas las conversaciones, sacó de su bolsa el maquillaje, se dio unos cuantos retoques, apagó la computadora y enseguida las luces de la oficina… Sus movimientos eran mecánicos, ajenos a ella.

Cuando estuvo dentro del vehículo, encendió la radio más por costumbre que por un deseo real de escuchar música. Las notas familiares de un éxito musical de Madonna la tomaron por sorpresa: "*... you're not half the man you think you are...*". Pareciera que la diva del rock en ese instante se hubiera transformado en su mejor e íntima amiga, o al menos así lo pensó en aquel momento, deseosa y necesitada de aferrarse a algo, lo que fuera, que pareciera más real que la imagen y recuerdo de una persona traicionera y sin escrúpulos.

Casi sin darse cuenta, aún con las notas musicales como fondo en el bullicio interno que eran sus pensamientos, se estacionó justo enfrente de Domenico; al verlo, sintió algo parecido a las náuseas.

Después del saludo y las consabidas frases que lo acompañan, preguntó, sin más preámbulo, qué había pasado con el asunto de la secretaria. "Nada". Acto seguido, las palabras se escaparon de su boca, parecía que tenían vida propia pues, asombrada, se escuchó preguntándole tres veces consecutivas: "¿Estás seguro de que nunca te acostaste con ella, de que jamás salieron, de que no anduviste con...?". Ya a la tercera ocasión en que repetía la pregunta, la actitud de Domenico era la misma que había visto en tantas y tantas ocasiones: molesto, altivo, enojado, al punto del grito..., y por último, la misma trilladísima frase: "¡Otra vez tus celos!".

En ese momento, haciendo acopio de todo el valor que fue capaz de acumular en una milésima de segundo, tomó las impresiones que había guardado en una carpeta dentro de su enorme bolsa, y se las aventó al rostro. Fue entonces cuando perdió toda compostura y le gritó, como un animal herido: "¿Me puedes explicar entonces qué significa todo esto?". Él, "el humano", empezó por leer las hojas, y sin terminar de leer una sola, las hizo a un lado con un ademán que denotaba más fastidio que asombro. Y entonces, con actitud casi irreverente, le dijo: "Eso fue antes de que empezáramos a andar tú y yo, después terminamos".

El mundo parecía derrumbarse a los pies de una Desireé, ahora perdida, herida en lo más profundo de su dignidad. Era inconcebible el cuadro: Desireé, esperando tan siquiera una disculpa; él, con los brazos cruzados y la mirada en otro punto, lejos de ella, repitiendo una y otra vez: "Eso fue antes de que empezáramos a andar tú y yo..."; de nada servía que le hiciera hincapié en las fechas, en los sucesos y eventos coincidentes con su historia... o con lo que ella creía era sólo la historia de ambos.

Al no obtener alguna respuesta, Desireé abandonó el lugar y se cobijó en la penumbra de la madrugada, manejó por las calles desiertas acompañada tan sólo de cualquier música que sonara en la radio... Recibió los primeros rayos del Sol con los ojos abiertos y el corazón deshecho. ¿Qué hacer con tanto amor, con tanto coraje, con tanta desilusión?

Perdón

¿Cuántos fracasos se necesitan para que un corazón ya no vuelva a amar? ¿Cuántas caídas para que una ya no pueda levantarse? ¿Cuántas decepciones para abandonar la lucha por vivir?

Tal vez el número sea tan infinito como las estrellas que somos incapaces de contar en el cielo, pero lo que debe ser muy seguro es que nunca tendremos claro cuánto somos capaces de soportar, vivir, seguir viviendo y sufriendo... y, para perdonar, ¿qué hace falta?

Cafés clásicos… de todas las historias

Pasaron varios días antes de que Domenico y Desireé se sentaran ante la mesa de un restaurante, en una fría noche de domingo, para platicar acerca de sus "diferencias".

Por encima de cualquier punto, había un tema que le preocupaba más que cualquier otra cosa: ¿cómo había entrado a su cuenta de correo? Hasta que escuchó la explicación fue cuando, a modo de disculpa, le dijo que sí, que efectivamente salió con algunas personas más, pero que no fue nada importante…, que ella estaba malinterpretando el contenido y la intención de los mensajes electrónicos; que debía reconocer que también ella tenía muy mal carácter; que las escenas de celos habían empezado aun antes de que ella supiera todas las cosas de las que se había enterado; que ella también tenía culpa de la forma en que se desarrollaron los hechos... Que para ella sería difícil entenderlo, que él siempre había actuado así, que eso de andar con una y con otra al mismo tiempo era cosa de todos los días y todos los tiempos... Pero que, cuando él se declaró enamorado de ella, fue cuando decidió cambiar; pero que sólo con su ayuda y comprensión lo lograría... Que si seguía viendo a su hija al amparo de su ausencia era porque la madre de la niña pensaba que, hasta que no hubiera algo serio, no convenía que la niña supiera de la existencia de la novia de su padre... Pero que la amaba, que le ratificaba su deseo de casarse con ella y formar una familia, de tener aquel niño de cabello rubio...

Y cedió. Sí, cedió; mas nunca terminó de creer nuevamente en él. Y no creyó nuevamente en él porque ninguno de los dos se esforzó lo suficiente para reconstruir la confianza que, después de tanto tiempo, estaba hecha añicos.

Él continuó contestando el teléfono en forma impredecible, cancelando comidas, saliendo tarde... La semana previa a su partida, apenas pudo ver a Domenico unas cuantas horas. Él tuvo la agenda llena de compromisos laborales; comidas y cenas con su jefe fueron la constante. Normal, pensaba ella con obstinación; sus obligaciones lo demandaban. Así llegó el día en que tuvo que tomar un largo vuelo, vía Nueva York y, como quien deja a un amigo a la entrada de un cine, Domenico le regaló un "me avisas cuando llegues".

La búsqueda

Estoy harta de mi indulgencia. Sí, hoy me he dado cuenta de ello. ¿Por qué, si alguien puede explicarlo, mientras mayor sea mi indiferencia, más atención de mí se reclama? ¿Por qué, si hay razón lógica para ello, mientras más amor demuestro recibo mayor indiferencia? ¿Qué acaso no se trata de un fastidioso círculo vicioso?

Es por estos cuestionamientos eternos, y por el hartazgo que produce en mí esta indulgencia, que he decidido, a partir de este momento, no perdonar aquello que ocurra o se produzca más allá de mis narices; no voy a recordar aquello que no me reporte un beneficio inmediato al hacerlo; no voy a escuchar sonido alguno que incomode a mi espíritu; no permitiré nada que no sea de mi absoluto agrado...

Tampoco se trata de satisfacer todos mis deseos, pues entonces redundaría en un perpetuo estado de vicio; es únicamente una declaración de libertad de pensamiento y sentimientos lo que en este acto hago... Merezco algo más, mucho mejor de lo que ahora tengo.

Frapuccino a la italiana

Desireé tuvo muchas horas de vuelo, antes de llegar a su destino final, para pensar y escribir, y volver a pensar y volver a escribir... Quería evitar olvidar a toda costa que, antes de partir, en un arranque, le preguntó a Domenico si le gustaría tener otro hijo algún día; quería recordar por siempre su respuesta, que la congeló: "Sí, seguramente sí, con alguien que me ame y a quien ame".

No alcanzó a formular las preguntas que en cascada se iban acumulando en su cabeza, porque él la interrumpió con el argumento de que ella no se estaba esforzando lo suficiente, que él no sentía que efectivamente ella le estuviera dando un voto de confianza, que había muchas cosas que tenían que arreglar si querían que la relación funcionara…

Al llegar a Nueva York, le envió un mensaje de texto a Domenico, pidiéndole que la llamara, pues no salía la llamada de su celular. "Estoy con el maestro de golf de Mariana, dame cinco minutos". Después de unos diez minutos, la anhelada llamada llegó, y su duración, de escasos dos segundos, alcanzó para que escuchara un familiar y cortante "¿qué pasó?"…, pues la llamada se cortó, y ningún nuevo intento hizo él por volver a llamar.

Una vez en Milán, y refugiada del frío invernal dentro de una cabina telefónica, llamó a un novio poco preocupado por su vuelo, o por cualquier otro detalle que se hubiera presentado en él. Al cabo de dos minutos colgó, con el corazón cada vez más acorde con la estación: frío, casi helado.

Con ese ánimo, en la primera oportunidad se sentó frente a su PC para escribirle sencillamente: "Estoy embarazada; no te preocupes por nada, que nada reclamaré de ti". Por respuesta, recibió un mensaje de texto donde Domenico le decía que le daba gusto la noticia, que quería hacer su vida con los dos.

¿Cuánto dura una ilusión? ¿Cuánto tiempo es menester sufrir un desengaño? ¿Cuándo anuncia su partida el amor que creímos eterno? Quizá estas preguntas sean las constantes interrogantes que agobian al corazón y, sin hallar respuesta, nos ofrecen como réplica un mar de incertidumbres y confusiones.

¿Por qué no terminas con la agonía de un fin que no finaliza nunca? ¿Por qué seduces al dolor que provoca el abandono? ¿Para qué este suplicio interminable de un crepúsculo que no llega, un amanecer que no se conoce?

Vivir, vivir como si nada fuera eterno, porque aquello que sí lo es, no me pertenece...

Vienés especial a la mexicana

Cuando al cabo de dos días se decidió a llamarlo por teléfono de nuevo, ya había tenido horas suficientes para recordar, uno a uno, todos los buenos momentos que había logrado acumular al lado de Domenico; llevaba consigo la memoria de almacenamiento masivo donde guardaba todos los escritos que él le había mandado (claro, en los primeros meses de la relación), ya los había leído, al menos, una veintena de veces.

Y estaba convencida de que si, a pesar de todos los cuidados que había tenido para no embarazarse, resultaba que estaba encinta, era porque Dios así lo quería... y ella también; ella quería ese hijo y, por supuesto, al padre de su hijo.

¿Por qué no hacer a un lado el orgullo y, simplemente, decirle un "te amo, creo en ti, vamos a comenzar de nuevo"? Si bien en los mensajes de texto que había recibido de Domenico, posteriores a la confesión de su estado, no había ni un "te extraño, vuelve pronto, te amo..." o cursilerías por el estilo, ella sabía que lo amaba, que ella era la única que quería estar por siempre a su lado..., ¿o no?

Cuando el timbre le indicó que la llamada estaba en curso, miró el reloj: en su país eran casi las doce de la noche, el pobre debía estar por dormirse. O ya dormido. Así que, sin desesperarse, cuando la llamada fue desviada al buzón, intentó nuevamente... y otra vez, y otra... Cierto, podía estar dormido, pero nunca dejaba que el teléfono sonara más de dos ocasiones sin atenderlo, ella lo sabía bien; pero esta vez fue diferente. Así que marcó veinte, sí, veinte veces el mismo número..., hasta que por fin, una enfadada voz contestó. En primera instancia, fue la preocupación la que hizo que ahora fuera ella quien preguntara: "¿Qué pasó, por qué no contestabas?"..., y la preocupación cedió el paso a algo muy diferente cuando escuchó: "Porque no quería". Sin esperar respuesta, Domenico le repitió sencillamente que no quería contestar, y que no quería hacerlo para no escuchar más reclamos (todo, en medio de un tono de voz que por milésimas de segundo iba subiendo de volumen), que qué le pasaba... Desireé le puso un alto pidiéndole que le bajara al tono porque... y fue interrumpida con un "¡y no empieces porque cuelgo!".

Fue ella quien terminó la llamada. Y fue ella quien ahora envió un mensaje de texto diciéndole que hasta ahí llegaba, que se quedara con su mal carácter, sus groserías, engaños, mentiras y soberbias. No hubo respuesta, sino hasta siete horas después, cuando un despreocupado Domenico le contestó con un "que tengas buen día, besos".

Aquello era de locos. Sin más, eso era: un asunto de locos... o de dos personas carentes de autoestima por igual. Perdió la cuenta de los lacónicos mensajes que su lacónico ¿novio? le envió en el transcurso de esos días..., mensajes que ya no tuvieron respuesta de su parte. A nadie le avisó de su regreso. Mensajes fueron y vinieron, cargados de reclamos, de declaraciones de amor, de disculpas... y si bien le preocupaba esta situación, también se preguntaba cuál sería el destino de los regalos traídos para Domenico, ¡y ni hablar del peso de cada uno de ellos! Sí, esto podrá sonar muy frívolo, pero analizado objetivamente quizá no sea así..., porque era la segunda ocasión que, tras terminar una temporada vacacional o de estudios, Desireé se encontraba casi con los pies en la frontera de su país sin tener claros los sentimientos por el novio en turno, ¡pero con la maleta repleta de presentes para él! No es posible que eso suceda en un periodo casi menor a un año...

Días después, se decidió a llamarlo para decirle, con eufemismos, que había sufrido un aborto espontáneo, o al menos se esforzó por tratar de decir eso. Le mintió.

Sí, tuvo una amenaza de aborto en Milán; pero una veintena de personas, entre doctores y enfermeras (hay que reconocerlo: el seguro médico era bastante amplio), se encargó de hacer posible un sueño que nunca había sido su sueño, pero que en aquel momento hizo tan propio como su nombre. Y las horas de vuelo de regreso sirvieron para tomar aquella decisión… Nunca le diría la verdad; a sus ojos, él no era merecedor de conocerla.

¿Y si todo fuera una ilusión? ¿Y si la realidad de mi existencia no está sino al final del camino? ¿Qué se esconde detrás de nuestras risas, qué hay detrás de nuestros sueños?

No puedo ni debo quedarme, por mí, por ti; pero sobre todo, por mí. Porque esta relación ya no construye cimientos, sino trozos de bloques que sólo estropean mi camino; porque esta relación no brinda más que momentáneas alegrías; porque tus sueños son unos y mis ilusiones son otras; porque una misión me apremia a iniciar mi camino... Porque caminamos por rutas paralelas, por más que hayamos intentado lograr coyunturas...

¿Tienes otras opciones de café?

Hay cosas que duran para siempre, sobre todo las experiencias vividas y los recuerdos que conllevan; algunas son hermosas, otras dolorosas, pero ahí están, presentes...

Desireé en algún momento creyó, o quiso creer, que las palabras de Domenico eran sinceras, que él era sincero, auténtico... Y así como ella lo sentía o creía, también lo creyeron un número de mujeres que fue *in crescendo*... ¿Por qué meses después tendría que ser diferente? No, hay personas que, a lo largo de su historia, se consuman como maestros del disimulo; si tratara de quitar todas las máscaras que Domenico utilizaba, seguramente tendría ante sus ojos a una persona desconocida para ella.

Finalmente, Desireé dejó de creer en sus palabras, es la verdad. Sus actos, repletos de soberbia y orgullo, hablaban mucho más por él... y por más que se esforzaba en pensar de manera diferente, no lo logró; simplemente, siempre había sido fiel a lo que sentía, y sentía que ya era imposible poder confiar en Domenico. A su mente sólo acudían sus modos, modales (o ausencia de ellos), sus actitudes, su falta de interés…

Las experiencias en ocasiones dejan heridas, pero éstas siempre sanan, sobre todo cuando uno se empeña en ello, y las consecuencias son y serán sólo de Desireé. Tiene derecho a situaciones diferentes, donde el engaño deje de ser la constante, donde la mentira reiterada sea objeto de plática o estudio, como una experiencia ajena a su relación, no motivo de sufrimiento... Creyó, en verdad lo creyó, haber encontrado a un Hombre; hoy se da cuenta de que se formó demasiadas expectativas. Sin ser culpable, sí es responsable de haber visto en Domenico más cualidades de las que realmente tiene. Y fue así porque ella realmente lo anhelaba.

Se decidió a cerrar ese ciclo, a darle vuelta a la página y empezar a vivir su vida. Amargas y dolorosas experiencias le enseñaron que vivir el presente recordando o añorando el pasado sólo estropea el futuro. Ella vive en el presente, un presente galopante, el cimiento de un futuro que por sí solo se le antoja hermoso... y así se decidió a construirlo, se decidió a darle lo mejor de ella para materializarlo, y saborearlo como lo tenga que vivir.

Quisiera tener más tiempo para acumular más alegrías, y con ellas, tejer el más hermoso abrigo que cobijara en su interior los sueños de mi niñez, las sonrisas de los niños de la calle, las ilusiones de todos cuantos conozco. Quisiera tener la palabra correcta en mis labios, aquella que aliente a un corazón afligido, que anime a una mirada confusa.

Quisiera tener más tiempo, y más sonrisas que repartir... Estoy cansada, muy cansada de sentir esas punzadas de felicidad que, tan pronto llegan, ya se han convertido en recuerdo...

Estoy agotada de pensar y pensar, de tener que callar casi todo lo que siento, de fingir una cordura no propia en mí respecto a determinadas actitudes tuyas. Estoy harta de meter la cabeza debajo de un sillón mientras el mundo sigue dando vueltas, mientras millones de niñas sufren abuso, maltrato, violaciones; mientras millones de compatriotas sobreviven sin esperanza alguna...

Estoy cansada de no aportar, de esconder mi esfuerzo, de pretender ilusiones que no son mías. Es demasiado peso para mí... Quiero vivir, VIVIR, así, con mayúsculas... Quiero respirar, empapar mi cuerpo y mi espíritu con todo lo que siempre he anhelado... Quiero recibir los rayos del Sol en mi cara cuando me saluda por la mañana y al despedirse de mí en la tarde; perderme en la cuenta infinita de las estrellas bajo la auspiciante mirada de la Luna... ¡Quiero vivir!

Prepara tu bebida a tu gusto

Si el día de hoy Desireé le relatara a una vieja amiga las experiencias de aquella época, casi para ponerla al día, le contaría:

"Bueno, el suceso más antiguo: ya no tengo novio. Todo pasó, o mejor dicho, pasó de todo: se fue deteriorando la relación, me enteré de que me puso el cuerno unas cuantas ocasiones en distinta medida cada una, se deterioró más la relación... Sí, leíste bien: se deterioró más la relación, no terminó... Bueno, nos dimos una segunda oportunidad... Sí, también leíste bien: NOS DIMOS una segunda oportunidad... Así es como lo manejó él hasta el final, nunca un 'ME DIO' una segunda oportunidad. Me fui a Italia a tomar un curso; me di cuenta de que lo mío, lo mío, no era lo suyo: quiero decir, su mundo, su estilo..., amén de sus groserías, engaños y todas esas lindas 'gracias', que me negaba a ver tal cual son. Así que, felizmente realizada con un curso muy, pero muy interesante, regresé convencida y pues terminé. Ah, pero eso sí, como me gusta el drama, ya sabrás, me puse 'diva': no salía ni a la esquina, traía cara de perrito abandonado… Hasta que me cansé y decidí comenzar a desempolvarme".

Ni Domenico, ni nadie ni nada más, le podía dar felicidad; podría aumentar la que tenía, pero no se la daría; porque la felicidad es un estado de ánimo, una decisión propia. Y esa ha sido su decisión desde hace tiempo: ser feliz. Sí, es cierto, se sintió vulnerable ante situaciones que desconocía porque desconocía su totalidad, o la dimensión real y absoluta de muchas cosas.

Dentro de sus concepciones, está convencida de que lo único que tiene seguro es su muerte; está absolutamente convencida de que de lo único que puede tener certeza es de los cambios, progresos y evoluciones de su propia persona; tiene plena e incuestionable confianza en sí misma, en sus capacidades, sus fortalezas y sus habilidades; tiene la certidumbre de saber quién es, de dónde viene y estar construyendo con paso firme el camino por donde va. Tal vez esto es lo que le da la tranquilidad que necesita. El contar con ello, el admitir que cuenta con ello y saberse poseedora de esa seguridad, certeza, confianza y certidumbre.

Nada externo a ella le puede alimentar esa tranquilidad; al menos así lo cree ahora, en este momento. Jamás tendrá la seguridad de aquello que quede fuera de su control, y fuera de su control está todo aquello que no le pertenece. Se pertenece ella, a sí misma se posee y se pertenece en una simbiótica relación.

Le ha costado mucho trabajo llegar al punto de decir "creo en mí… únicamente"; sin desacreditar lo que la persona que tiene frente a ella es o deja de ser, hace o deja de hacer. Ella es su responsabilidad, sus acciones u omisiones son su responsabilidad, y lo serán también sus consecuencias.

Hoy ofrece lo que es, pero también lo que va a llegar a ser mañana, en un año o en diez; ¿es atractiva esa imagen? No lo sabe, para ella sí lo es, y con eso es suficiente.

Hoy sueña, piensa, busca, encuentra… Sí, hoy sueña con adivinar las facciones de ese diminuto ser que lentamente crece en su interior; piensa en una infinidad de nombres masculinos y femeninos. Busca… busca sin cesar motivos para sonreír, aunque, en honor a la verdad, no tiene que esforzarse tanto. Y encuentra, finalmente encuentra libertad en sus días, libertad en sus pensamientos y sentimientos.

Hoy se reconoce enamorada como nunca lo había estado, porque ahora sabe lo que es estar realmente enamorada. Sí, encuentra en ella misma la razón de ser de ese enamoramiento pleno. Porque hoy se ama, se reconoce hoy, se siente hoy… y cada día es un amor más grande, un reconocimiento mayor y un sentimiento más puro y diáfano.

Hoy se da cuenta de que su autoestima crece, como ese diminuto ser, en forma mágica dentro y fuera de ella; hoy se da cuenta de que precisamente ese crecimiento es un ejercicio personalísimo, que sólo puede realizarse en forma individual.

Y hoy se cuestiona con sinceridad qué tan real fue el amor que creyó sentir por Domenico... Porque hoy, que sabe lo que es AMAR, le cuesta trabajo reconocer ese mismo sentimiento en lo que vivió hace apenas unos meses.

Escucha... escucha todas las palabras que van dirigidas a ella, y en cada una se deleita con su sonido, más que con su mensaje. Recuerda, y los recuerdos los siente cada vez más lejanos y menos ajenos... Se reconcilia con la historia, y ve cómo desaparece lentamente ante sus ojos, y así como desaparecen las huellas sobre la arena cuando son alcanzadas por el mar, se van los vestigios de un rencor que reconoce como ajeno.

Sí, hoy, sus huellas se han borrado de su playa...

"Me enamoré de ti porque quería
sufrir. Tal vez porque necesitaba
inspiración para arrojar letras sobre
el papel.

Hoy has dejado de ser mi inspiración
fallida; a partir de este segundo
inmediato que persigue mi mano,
ignoro tu recuerdo, tu nombre, tu
historia plagada de mentiras y tus
besos revueltos con engaños.
Ya soy libre".

El sabor de la vida

La vida es una fresa, una aceituna, un manjar; soya cruda que espera ser preparada.
La vida es un globo, una nota, un suspiro, la última exhalación… Un lirio, una hoja, un canto, una piedra, un renacuajo.
La vida soy yo sumergida en el tiempo; tú corriendo en los pasillos del recuerdo; ella nadando en las historias jamás contadas; él caminando por el mismo sendero; nosotros buscando las respuestas; ustedes sonriendo en el umbral de cualquier puerta; ellos cobijando nuestros sueños…

¿Cómo preparar un capuccino siciliano?: un tercio de ganas de viajar, un tercio de ánimo, dos tercios de confianza en el futuro... sí, ¡son demasiados tercios!

Y, ¿qué es ahora de Desireé...?

Treviso, Italia... meses después.

Faltan tan sólo siete horas para mi vuelo a Londres; ya he estado aquí sentada dos horas, escribiendo algunas cosas y observando a las personas. De hecho, para muchas de ellas ya es la afortunada hora de partida.

Me pregunto si al cabo de algún tiempo no despertaré sospechas, pues al menos para mí no sería normal que una mujer de mi edad esté nueve horas sentada en la misma silla, haciendo constantemente anotaciones... Quizá debería aclararles que es normal, sobre todo cuando se decide hacer un viaje en forma repentina, sin horarios ni reservaciones previstas.

Mi actual vecino de asiento acaba de mirar con curiosidad mi libreta; yo creo que su curiosidad debe haber aumentado al no poder descrifrar mis trazos; más aún, seguramente, al no entender el idioma. Hace apenas cuarenta minutos que el aeropuerto cobró vida, pues cuando llegué, ni siquiera la oficina de información turística estaba abierta.

Tengo hambre. Quizá por los nervios, esta madrugada en Venecia difícilmente pude conciliar el sueño y estuve despertando en repetidas ocasiones durante la noche. Al filo de las cinco de la mañana, como consecuencia de la lluvia, un simpático mosquito buscó refugio tras las cortinas abiertas de mi habitación y se deleitó con la sangre de mi cara. A partir de ese momento despertaba cada veinte minutos, hasta que decidí ponerme en pie a las siete de la mañana... Ahora que, viéndolo bien, tuve suficiente tolerancia con el insecto en cuestión.

Una vez terminado mi aseo personal, me dirigí con paso cauteloso a la estación del tren y ahí, en medio de los zalameros piropos del mesero auténticamente italiano que me atendió, tomé medio jugo de naranja, una minúscula taza de *capuccino* y dos pequeñas raciones del pan más exquisito que he probado durante mi estancia en Europa.

Pero de eso hace ya algunas horas, muchas, y ya tengo hambre. Sin embargo, no hay un cajero automático a la vista y traigo conmigo apenas las monedas suficientes para jugar rayuela, claro, si supiera hacerlo; pero no para comprar algo. Así que mi estómago tendrá que esperar.

Ya no sé con qué entretenerme para hacer menos larga mi espera; entre las horas que faltan y la fastidiosa adolescente japonesa que ahora tengo a mi izquierda, bien podría montar una escena de histeria.

Continúo con mi ahora obligada tarea de escribir... Ya han pasado seis horas desde que llegué a este aeropuerto: he visto ir y venir al mundo entero: japoneses, alemanes, ingleses, italianos, españoles, norteamericanos, franceses... la diversidad sigue desfilando ante mis ojos.

Y en medio de todo este barullo, descubro con tristeza que mi cabello está lamentablemente maltratado, condición que se suma al triste saldo de una cara igual de maltratada, una cuenta agotada y un ánimo... no, ¡mi ánimo definitivamente no podría estar mejor!

Mi ánimo se encuentra en excelentes condiciones gracias a las experiencias que decidí vivir durante estos meses en Italia; pues, entre clases y proyectos, todos fructíferos, claro, incluido el mayor de mis proyectos, conocí a un alegre y simpático siciliano. En los primeros días,

saliendo del lugar donde me hospedé, alcancé a divisar una figura que, detenida con dos maletas a los lados, observaba algo con atención... Apenas rebasé la figura, escuché el inconfundible sonido de las ruedas de unas maletas que comenzaban apresuradamente a seguir los pasos de su dueño. Conforme me acercaba a la esquina, los pasos y las maletas apresuraban ruidosamente su andar; al detenerme unos segundos para confirmar que llevaba el rumbo correcto en un mapa que difícilmente comprendía, una voz masculina preguntó con singular acento dónde se encontraba la vía del ferrocarril.

No sé por qué giré sobre mis talones, pues pasaban por mi lado muchos venecianos que bien podrían haber resultado excelentes guías; sin embargo, con toda seguridad le indiqué el rumbo a quien preguntaba, y terminé la oración diciéndole que yo llevaba el mismo rumbo... ¡Como si nada! Así que mi interlocutor y yo emprendimos nuevamente la caminata en un tranquilo silencio. Al llegar a la estación me invitó algo de tomar y le acepté agradecida un café, despidiéndome amablemente, pues aún tenía que comprar mi boleto del tren, no sin antes intercambiar nombres... Max... Desireé. Una vez que realicé la compra, poco más de media hora después, me dirigí al área de las vías donde habría de esperar el tren que me traería a Treviso; en el camino, una voz masculina de acento italiano, por supuesto, gritó mi nombre... Entonces vi a un sonriente Max sentado en las escalinatas, quien al preguntarme cuál era mi hora de salida, decidió que sería buena idea que comiéramos juntos... Un pedazo de *pizza* y otro café fueron el complemento de una buena plática, en la que me enteré de que una vez que terminó la carrera de Economía en Nueva York, se sumó al negocio familiar de una fábrica de muñecas... Aún conservo unas cuantas entre los libros y *souvenirs* en mi maleta.

Después del consabido intercambio de direcciones postales y electrónicas, me di cuenta de que el siciliano Max me había impresionado de manera singular, a pesar de no tener la estatura mínima de mis estándares requeridos. Por si fuera poco, sus ojos son verdes... ¡y a mí que nunca me habían gustado los ojos de color!

El poema... Sí, en medio de ires y venires de Sicilia a Venecia y tantísimos correos escritos y recibidos en estos meses, Max me regaló un hermoso poema, lo tengo entre mis manos, en mi memoria y, tal vez, en mi futuro... Quizá Sicilia sea una hermosa región... Sí, por qué no, tal vez mi musa, mi niña, disfrute mucho de sus veranos calurosos...

"Un aliciente renovado de mi vida fuiste;
en mi ser, un increíble y perenne fuego;
juegos, celos, besos compartidos luego...
Juventud, ambrosía y sueños devolviste,
otros labios y besos, al destino heriste
con tenue coquetería coronó su ruego,
mas el amor, adarga de mi férreo apego,
concluyó con el éxito, lo nuestro existe.
Allá: migajas, timidez y andar ansioso,
aquí: esperanza, fortaleza y anhelo vivo.
Amor: permite que el viento borrascoso
y el anhelo personal eternamente fugitivo,
tenga con tu boca de grana único reposo...".

Max D. V.
Venecia, Italia.

Y esta historia... no ha terminado.

Quiero respirar el recuerdo de lo que algún día fui y que, aunque ni yo misma lo acepte, sigo siendo; quiero poder encontrarme con esa persona que es capaz de dar y recibir amor, con aquella que viva feliz todos los días de su vida, por la simple razón de estar viva... Quiero reconciliarme con mis errores, mis defectos y mi pasado...

Quiero darme a mí misma la fuerza que necesito para seguir caminando, no importa hacia dónde, pero hacerlo con firmeza y absoluta seguridad...

Epílogo

Era de noche, estaba sentada, esperando, como tantas otras veces, cuando escuchó una canción... Una lágrima asomó por su mejilla y una más se escondió, buscó refugio en algún lugar lejos de su corazón... Al principio pensó que esa letra dolía tanto en su ánimo por los altibajos de la relación en la que más empeño había puesto jamás, pero pronto el tiempo comenzó a darle el nombre correcto a sus sentimientos...

Hace mucho tiempo, más de una década atrás, su esencia era la de una niña feliz, llena de sueños e ilusiones, millones de promesas por cumplir; esa esencia era pura, llena de amor, de esperanzas..., y paulatinamente, casi sin dolor, todos esos sueños se guardaron en un olvido putrefacto; su mirada cambió, sus ilusiones se olvidaron..., y comenzó a vivir una vida que no le pertenecía. Hizo suyas ilusiones ajenas, hizo suyas promesas distantes; hizo suyos momentos en los que ella, su esencia, en muchas ocasiones no estaba presente.

Pero un día, como cualquier otro, con fríos papeles ante ella, obedeciendo una indefinida espera, larga, cotidiana, repetitiva como tantos otros elementos de su vida, escuchó esa canción… y otras más, otras que hablaban de sueños perdidos, de sueños ajenos, de sueños lejanos…, de sueños. Y se preguntó, con una voz seca y sin sentimientos, cuáles eran sus sueños, sus verdaderos sueños… Y entonces, sólo entonces, fue cuando comenzó a escuchar su llanto.

Era un llanto sordo, profundo, doloroso… tan fuerte, tan propio, que sólo ella fue capaz de escucharlo. Quiso compartirlo, quiso que aquel al que tanto amaba estuviera con ella… Pero las circunstancias no se dieron, tal vez nunca fueron las propicias; y el cambio imperceptible que se fue gestando en ella comenzó rápidamente a demandar más espacios de acción. Todo, había que cambiarlo. Todo.

Ahora ya no llora; ahora ríe, piensa, sueña; vive cada día y cada segundo con la plena convicción de que tantos años de dolor constituyen el regalo que ella necesitaba; ahora ha comenzado a hacer suyo su presente, ahora se permite ver de frente la vida, en primer plano y en escena, no tras el telón.

Ella, yo, la misma… Estoy infinitamente agradecida por todo lo que he vivido, por cada uno de los momentos que Dios me ha regalado… A Él le agradezco y le debo mucho, todo; le debo muchos momentos de sonrisas reales, auténticas, esas que en muchos años fueron tan poco frecuentes… También un rayo de esperanza que siempre estuvo presente, alimentando un sueño que hoy reconozco como ajeno, pero que constituyó una hermosa ilusión que alimentó muchos de mis días.

Amor… creo que nunca dejaré de sentir amor; amor por mí, por lo que fui, soy y seré; pero, sobre todo, Amor y Agradecimiento a Dios. Porque gracias a Él, hoy estamos aquí.